BERNARD LAZARE

COMMENT ON CONDAMNE UN INNOCENT

L'ACTE D'ACCUSATION CONTRE LE CAPITAINE DREYFUS

50 centimes

PARIS
V. STOCK, ÉDITEUR
9, 10, 11, GALERIE DU THÉATRE FRANÇAIS

1898

BERNARD LAZARE

COMMENT ON CONDAMNE UN INNOCENT

L'ACTE D'ACCUSATION CONTRE LE CAPITAINE DREYFUS

PARIS
V. STOCK, ÉDITEUR
9, 10, 11, GALERIE DU THÉATRE FRANÇAIS
1898

COMMENT ON CONDAMNE
UN INNOCENT

Dans deux mémoires j'ai défendu le capitaine Dreyfus condamné à la déportation perpétuelle pour un crime qu'il n'avait pas commis.

Je l'ai défendu en m'appuyant sur des faits et non pas en idéologue; j'ai montré que nulle charge ne s'élevait contre celui qui était accusé d'un honteux et abject forfait, sinon l'attestation d'experts récusables lui attribuant un bordereau qu'il n'avait pas, qu'il ne pouvait pas avoir écrit. Lorsque, pour la première fois, j'ai parlé, nul ne m'a voulu croire; on a pensé que pour les besoins d'une cause je dissimulais la vérité : cependant si cette cause n'eut pas été défendable, si ce n'avait été celle d'un innocent je n'eusse pas accepté de la soutenir.

Les plus bienveillants ont pu dire que j'élevais la voix en faveur des juifs sur lesquels on faisait retomber, après le sang du Christ versé par Pilate, le crime qu'un des leurs avait commis. Si le capitaine Dreyfus eut été coupable, je n'aurai certes pas permis sans protester qu'on rendît responsable de sa faute une race à laquelle je suis fier d'appartenir, je n'aurai pas pour cela soutenu contre toute évidence une indémontrable innocence. Mais, je l'ai dit déjà, je ne plaide pas pour un traitre, je veux arracher un martyr au supplice qu'il n'a pas mérité.

Si j'ai parlé, c'est que ma conscience me commandait de prendre la défense d'un homme que rien n'accusait, qu'on avait arraché, sans qu'il ait jamais pu protester, à ses parents et à ses amis, qu'on avait jeté dans une bastille, qu'on avait jugé sous les voûtes d'une prison, portes closes, pas assez cependant pour que la vérité ne s'évadât pas un jour, — qu'on avait exposé aux crachats d'un peuple égaré par le fanatisme et la colère, conduit par une poignée de coquins dont la rage, la fourberie et la haine ne veulent pas encore aujourd'hui désarmer devant l'évidence.

J'ai parlé parce qu'il m'était démontré que le droit avait été méconnu, la justice violée ; j'ai parlé pour le salut d'un seul, mais au nom du salut de tous ; pour qu'on rendît la liberté à celui qui est au bagne, mais pour sauvegarder la liberté de chaque citoyen.

Maintenant la preuve est faite que je ne me suis pas trompé et que je n'ai jamais cherché à tromper ceux auxquels je m'adressais. L'acte d'accusation dressé contre le capitaine Dreyfus vient d'être publié, il vient de provoquer l'indignation et la colère de tous ceux qui ont souci de la vérité et de l'équité. C'est un des plus monstrueux monuments de la sottise, de la bassesse et de l'infamie des hommes ; il le faut perpétuer pour que jamais plus un pareil ne puisse être édifié.

Il contient pour toutes charges le bordereau qui n'a pas été écrit par le capitaine Dreyfus, le bordereau qu'il a toujours nié, le bordereau que quatorze experts ont refusé de lui attribuer, le bordereau qui est de l'écriture du commandant Esterhazy, selon le propre aveu de celui-ci. Tout le reste n'est qu'un ramas d'insinuations misérables, d'allégations mensongères, de racontars sans valeur, de propos injustifiés, un ramas que l'accusation elle-même a été obligée de rejeter, ne retenant pour unique preuve que le bordereau.

C'est pour cela qu'un homme a été séparé du monde, qu'on l'a rayé du nombre des vivants, c'est pour cela qu'on l'a interné aux antipodes, seul, sur un rocher perdu, pour cela qu'on vomit tous les jours son nom, qu'on en fait le symbole de l'infamie et de la trahison, qu'on en soufflette une nation. C'est pour cela qu'on couvre de boue ceux qui prennent la défense de l'innocent et du martyr, pour cela que des misérables salissent et insultent celui qui veut arracher son frère au sort qu'il n'a pas mérité.

Je publie ici encore cet acte d'accusation et si je lui donne une publicité nouvelle, c'est pour montrer de quel tissu de mensonges il est composé. De ces mensonges je ne rends pas responsable le pauvre esprit qui l'a écrit, simple enregistreur des volontés et des désirs d'un autre. Mais il est quelqu'un qu'il faut souffleter avec cet écrit monstrueux, il est un infâme qui doit être stigmatisé et marqué au front. Il est un gredin à qui désormais chacun devra refuser la main ; c'est le Jeffries, le Laffemas qui a machiné ce drame abominable, qui a menti, qui a sali, qui a torturé, c'est M. le commandant marquis du Paty de Clam — je me trompe, le colonel du Paty de Clam, car quand il a eu accompli sa besogne de bourreau, on a cousu un galon de plus sur sa manche.

Le temps n'est plus des allusions ni des insinuations discrètes, elles ne servent qu'à assurer l'impunité au tortureur qui doit être châtié. C'est M. du Paty de Clam, qui le premier désigna le capitaine Dreyfus, sur l'unique comparaison de l'écriture du bordereau et de la sienne, c'est lui qui procéda à son arrestation alors qu'il n'avait pour la justifier que le témoignage contradictoire de deux experts, c'est lui qui le maintint dix-sept jours au secret, ne reculant devant rien pour lui arracher l'aveu d'un crime qu'il n'avait pas commis. Il avait machiné une comédie indigne en faisant comparaître celui qui était désormais sa victime dans un cabinet tendu de glaces, pour surprendre une émotion qui ne vint pas, une émotion qu'il inventa plus tard ; il voulut entrer dans son cachot la nuit, armé d'une lanterne sourde, sans qu'on le prévînt, dans l'espoir d'arracher à la surprise ce que la surprise ne pouvait pas dire. Il dut aussi regretter le temps où l'on pouvait appliquer le supplice des brodequins, du chevalet ou de l'estrapade ; il y suppléa de son mieux, par l'insulte, par la torture morale par la séquestration absolue.

Il fallait que cet homme put montrer le capitaine Dreyfus comme un monstre prêt à tout, et sa pauvre imagination n'a été capable que de mettre dans le dossier des rapports de police anonymes, incontrôlés, incontrôlables, tissus de bas et indigents mensonges, que les juges, que le ministère public repoussèrent le jour du procès comme indignes de les arrêter.

Mais nul ne sut alors la sentence des juges et quelqu'un aidé d'une presse indigne avait fait l'opinion

Qui, par une lettre anonyme révéla à la *Libre Parole* qu'un officier juif avait trahi, qui communiqua aux journaux par morceaux, ces rapports de policiers dont le tribunal ne voulut pas, qui, sinon celui qui les faisait fabriquer par ses acolytes, qui, sinon le même misérable : le commandant du Paty de Clam.

Mais ce n'est pas tout. Un jour, j'essayai de soulever la pierre de ce tombeau qu'il avait creusé et dans lequel il avait espéré ensevelir un homme en même temps que sa propre infamie, c'est alors que commença la plus ténébreuse des machinations. De tous côtés, on insinua que de formidables preuves existaient contre le capitaine Dreyfus, des preuves si terribles, si effroyables que si une seule était produite, le sang d'un million d'hommes coulerait. J'avais pu connaître un dossier; mais il était un dossier secret, dossier formidable, qu'on avait été obligé de soustraire à l'avocat et à l'accusé. C'est ce dossier qu'aujourd'hui brandissent les marchands de patriotisme à tant la ligne ; ils en menacent ceux qui ne veulent pas permettre que justice ne soit pas rendu.

Il n'existe, il n'a jamais existé d'autres preuves contre le capitaine Dreyfus que le bordereau écrit par le commandant Esterhazy. J'affirme qu'au mois de septembre 1896, le bordereau seul figurait au dossier. On prétend que depuis d'autres pièces ont été trouvées, à un moment opportun : quand parut mon premier mémoire; on prétend que d'autres ont été fournies, quand le bruit se répandit de l'intervention de M. Scheurer-Kestner, enfin une dernière pièce a été communiquée par le commandant Esterhazy lui-même, quelques jours avant qu'on le mît en cause. Quelle était cette pièce ? c'était une prétendue lettre du major Panizzardi, attaché militaire à l'ambassade d'Italie, à M. de Schwartz-Koppen, attaché militaire à l'ambassade d'Allemagne. Que disait cette lettre : « Tu pars pour Berlin, je pars pour Rome, à notre retour nous nous occuperons de Dreyfus. »

Voilà le papier ridicule volé par un mystérieux personnage aux archives de la guerre dans l'intérêt de celui qui demain sera jugé, dont le général Billot a donné reçu au commandant Esterhazy, voilà le papier pour lequel sans doute on veut faire le huis clos !

Cette lettre est un faux du commandant Esterhazy, et s'il est dans ce fameux dossier secret des lettres du capitaine Dreyfus établissant sa culpabilité, lettres incontestablement de l'écriture du bordereau — ce bordereau qui est de l'écriture d'Esterhazy — j'accuse le commandant Esterhazy de les avoir fabriquées, j'accuse le colonel du Paty de Clam d'avoir été son complice et d'avoir composé ce faux dossier que des attachés d'État-major promènent chez M. Henri Rochefort et que des ministres des affaires étrangères entrouvrent pour M. Judet, alors que la communication en a été refusée à M. Scheurer-Kestner.

Des papiers Norton forgés par deux misérables, voilà ce que l'on trouvera dans le dossier secret, si ce dossier secret n'existe pas seulement dans l'imagination de ceux qui en ont parlé, si on n'a pas mystifié le toujours mystifiable et ingénu M. Rochefort, si on n'a pas mystifié tout ce pays pour servir de bas intérêt, empêcher les responsabilités d'être établies, les bourreaux, les tourmenteurs, les coquins et les incapables d'être chatiés.

Aujourd'hui donc trois questions se posent et je ne me lasserai pas de les poser. Avez-vous condamné le capitaine Dreyfus sur les faits énoncés dans l'acte d'accusation dressé contre lui par le rapporteur Besson d'Ormescheville ? Cet acte l'accuse uniquement d'avoir écrit un bordereau qui est de l'écriture d'un autre, et la révision de son procès doit être faite.

L'avez-vous condamné en exhibant devant les membres du conseil, un pseudo-document caché à l'accusé et à son avocat ? Vous avez commis une monstruosité sans nom, et la révision du procès Dreyfus s'impose plus que jamais.

Affirmez vous que depuis un an des preuves péremptoires de culpabilité ont été decouvertes contre le capitaine Dreyfus ? Alors ces pièces sont fausses, elles ont été fabriquées pour les besoins de la cause, il faut les montrer, les discuter, il faut que les scélérats de qui elles émanent soient punis et que le procès de leur victime soit révisé.

Pour cela, il ne suffit pas de faire passer le commandant Esterhazy devant un conseil de guerre, il faut mettre la main au collet de celui qui a machiné le procès Dreyfus, de celui qui, à la veille de l'interpellation Castelin en novembre 1896, écrivait au commandant Esterhazy qu'il allait être dénoncé à la tribune comme traître. Il faut mettre la main au collet de ce fabricateur coutumier de lettres anonymes, de celui qui signe des télégrammes de menaces du nom de femmes qu'il a jadis diffamées, il faut mettre la main au collet du complice de Souffrain.

Qu'on ouvre une enquête sérieuse sur les agissements du colonel du Paty de Clam, ce jour-là la lumière sera faite sur le procès du capitaine Dreyfus et sur celui du commandant Esterhazy.

L'état-major général aura beau envoyé M. Pauffin de Saint-Morel chez M. Rochefort le colonel Henry à l'*Echo de Paris*, le colonel du Paty de Clam à l'*Eclair* il ne pourra échapper aux trois questions que j'ai posées et à leurs conséquences.

Qu'espère-t-il ? empêcher la lumière de se faire, la vérité d'éclater, les coupables d'être punis. Il ne le pourra pas malgré sa puissance, malgré ceux qu'il a enrégimenté, malgré les journaux à sa solde, malgré ses menaces et ses rodomontades.

Contre la vérité il faut d'autres adversaires, et c'est vainement qu'on fermera les portes du tribunal, vainement qu'on voudra empêcher les témoins de parler, vainement qu'on déchaînera la canaille, qu'elle soit antisémiste ou patriotarde, qu'elle ait pour gérant un Drumont ou un Rochefort.

Tant qu'on n'aura pas tout dit, il est des hommes qui parleront, je serai de ceux-là ; rien ne pourra m'arrêter et justice sera rendue.

Bernard Lazare.

Je publie ci-joint l'acte d'accusation complet de M. le commandant Besson d'Ormescheville, celui dont je m'étais servi en écrivant mes deux premiers mémoires.

Je l'ai accompagné de notes qui démontrent l'inanité et le mal fondé des allégations et des insinuations qu'il contient. Quand on les aura lues, on comprendra que M. le commandant Brisset, commissaire du gouvernement, ait déclaré en terminant son réquisitoire : « Les preuves morales ont disparu, il ne reste plus que le bordereau, mais cela suffit. Que les juges prennent leurs loupes ».

Les juges sont aujourd'hui la France entière, elle dira si le bordereau, qui n'est pas de l'écriture de Dreyfus, peut suffire pour condamner un homme à la déportation perpétuelle dans une enceinte fortifiée, à la terrible guillotine sèche.

RAPPORT

sur l'affaire de M. Dreyfus Alfred, capitaine breveté au 14e régiment d'artillerie, stagiaire à l'Etat-Major de l'armée, inculpé d'avoir en 1894, pratiqué des machinations ou entretenu des intelligences avec un ou plusieurs agents des puissances étrangères dans le but de leur procurer les moyens de commettre des hostilités ou d'entreprendre la guerre contre la France en leur livrant des documents secrets, laquelle a fait l'objet de l'ordre d'informer donné par M. le général gouverneur militaire de Paris, le 3 novembre 1894.

M. le capitaine Dreyfus est inculpé d'avoir, en 1894, pratiqué des machinations ou entretenu des intelligences avec un ou plusieurs agents de puissances étrangères, dans le but de leur procurer les moyens de commettre des hostilités ou d'entreprendre la guerre contre la France en leur livrant des documents secrets.

La base de l'accusation portée contre le capitaine Dreyfus est une lettre-missive écrite sur du papier pelure (1) non signée et non datée, qui se trouve au dossier, établissant que des documents militaires confidentiels ont été livrés à un agent d'une puissance étrangère (2). M. le général Gonse, sous-chef d'Etat-major général de l'armée, entre les mains duquel cette lettre se trouvait, l'a remise par voie de saisie, le 15 octobre dernier, à M. le commandant du Paty de Clam, chef de bataillon d'infanterie hors cadre, délégué le 14 octobre 1894 par M. le ministre de la guerre, comme officier de police judiciaire, à l'effet de procéder à l'instruction à suivre contre le capitaine Dreyfus. Lors de la saisie de cette lettre missive, M. le général Gonse a affirmé à M. l'officier de police judiciaire, délégué et précité qu'elle avait été adressée à une puissance étrangère et qu'elle lui était parvenue ; mais que, d'après les ordres formels de M. le ministre de la guerre, il ne pouvait indiquer par quels moyens ce document était tombé en sa possession. L'historique détaillé de l'enquête à laquelle il fut procédé dans les bureaux de l'état-major de l'armée se trouve consigné dans le rapport que M. le commandant du Paty de Clam, officier de police judiciaire, délégué, a adressé à M. le ministre de la guerre le 31 octobre dernier, et qui fait partie des pièces du dossier. L'examen de ce rapport permet d'établir que c'est sans aucune précipitation et surtout sans viser personne *a priori* que l'enquête a été conduite. Cette enquête se divise en deux parties : une enquête préliminaire pour arriver à découvrir le coupable, s'il était possible, puis l'enquête réglementaire de M. l'officier de police judiciaire, délégué. La nature même des documents adressés à l'agent d'une puissance étrangère en même temps que la lettre missive incriminée permet d'établir que c'était un officier qui était l'auteur et de la lettre missive incriminée et de l'envoi des documents qui l'accompagnaient, de plus, que cet officier devait appartenir à l'artillerie, trois des notes ou documents envoyés concernant cette arme (3).

De l'examen attentif de toutes les écritures de MM. les officiers employés dans les bureaux de l'état-major de l'armée, il ressortit que celle du capitaine Dreyfus présentait une remarquable similitude avec l'écriture de la lettre missive incriminée. Le ministre de la guerre, sur le compte rendu qui lui en fut fait, prescrivit alors de faire étudier la lettre missive incriminée en la comparant avec des spécimens d'écriture du capitaine Dreyfus. M. Gobert, expert de la Banque de France et de la cour d'appel, fut commis à fin d'examen et reçut de M. le général Gonse, le 9 octobre 1894, des documents devant lui servir à faire le travail qui lui était demandé. Quelques jours après la remise des documents, M. Gobert demanda à M. le général Gonse, qui s'était rendu chez lui, le nom de la personne incriminée. Celui-ci refusa, naturellement, de le lui donner. Peu de jours après, M. Gobert fut invité à remettre ses conclusions et les pièces qui lui avaient été confiées, la prétention qu'il avait manifesté ayant paru d'autant plus suspecte qu'elle était accompagnée d'une demande d'un nouveau délai. Le 13 octobre, matin, M. Gobert remit ses conclusions sous forme de lettre au ministre ; elles sont ainsi libellées : « Etant donnée la rapidité de mes examens, commandée par une extrême urgence, je crois devoir dire : La lettre missive incriminée pourrait être d'une personne autre que la personne soupçonnée. » La manière d'agir de M. Gobert ayant inspiré une certaine méfiance, le ministre de la guerre demanda à M. le Préfet de police le concours de M. Bertillon, chef du service d'identité judiciaire. Des spécimens d'écriture et une photographie de la lettre missive incriminée furent alors remis à ce fonctionnaire, qui fit procéder à leur examen en attendant le retour des pièces confiées à M. Gobert. Dès la remise de ces pièces par M. Gobert, elles furent envoyées à M. Bertillon qui le 13 octobre, soir, formula les conclusions qui sont ainsi libellées : « Si l'on écarte l'hypothèse d'un document forgé avec le plus grand soin, il appert manifestement que c'est la même personne qui a écrit la lettre et les pièces communiquées. » En exécution de l'ordre de M. le ministre de la guerre en date du 14 octobre 1894, M. le commandant du Paty de Clam procéda à l'arrestation du capitaine Dreyfus.

Avant d'opérer cette arrestation, et alors que le capitaine Dreyfus, s'il était innocent, ne pouvait pas se douter de l'accusation formulée contre lui, M. le commandant du Paty de Clam le soumit à l'épreuve suivante : il lui fit écrire une lettre dans laquelle étaient énumérés les documents figurant dans la lettre missive incriminée. Dès que le capitaine Dreyfus s'aperçut de l'objet de cette lettre, son écriture jusque-là régulière, normale, devint irrégulière, et il se troubla d'une façon manifeste pour les assistants. Interpellé sur les motifs de son trouble, il déclara qu'il avait froid aux doigts. Or, la température était bonne dans les bureaux du ministère où le capitaine Dreyfus était arrivé depuis un quart d'heure et les quatre premières lignes écrites ne présentent aucune trace de l'influence de ce froid (4). Après avoir arrêté et interrogé le capitaine Dreyfus, M. le commandant du Paty de Clam, officier de police judiciaire délégué, pratiqua le même jour, 15 octobre, une perquisition à son domicile. Cet officier supérieur n'ayant entendu aucun témoin, ce soin nous incomba, et, en raison du secret professionnel de l'Etat qui lie M. le ministre de la guerre, l'enquête, dans laquelle nous avons entendu 23 témoins, fut aussi laborieuse que délicate. (5).

Il appert des témoignages recueillis par nous que le capitaine Dreyfus, pendant les deux années qu'il a passées comme stagiaire à l'Etat-major de l'armée, s'est fait remarquer dans différents bureaux par une attitude des plus indiscrètes, (6) par des allures étranges; qu'il a, notamment, été trouvé seul à des heures tardives ou en dehors de celles affectées au travail dans des bureaux autres que le sien et où il n'a pas été constaté que sa présence fût nécessaire (7).

Il ressort aussi de plusieurs dépositions qu'il s'est arrangé de manière à faire souvent son service à des heures en dehors de celles prévues par le règlement, soit en demandant l'autorisation à ses chefs, pour des raisons dont on n'avait pas alors à vérifier l'exactitude, soit en ne demandant pas cette autorisation. Cette manière de procéder a permis au capitaine Dreyfus de se trouver souvent seul dans les bureaux auxquels il appartenait et d'y chercher ce qui pouvait l'intéresser. Dans le même ordre d'idées, il a pu aussi, sans être vu de personne, pénétrer dans d'autres bureaux que le sien pour des motifs analogues (8).

Il a été aussi remarqué par son chef de section que, pendant son stage au 4ᵉ bureau, le capitaine Dreyfus s'était surtout attaché à l'étude des dossiers de mobilisation, et cela au détriment du service courant, à ce point qu'en quittant ce bureau il possédait tout le mystère de la concentration sur le réseau de l'Est en temps de guerre (9).

L'examen aussi bien que les conclusions à formuler au sujet de la lettre-missive incriminée appartiennent évidemment plus particulièrement aux experts en écritures; cependant, à première vue d'abord, et à la loupe ensuite, il nous est permis de dire que l'écriture de ce document présente une très grande similitude avec diverses pièces ou lettres écrites par le capitaine Dreyfus et qui se trouvent au dossier. L'inclinaison de l'écriture, son graphisme, le manque de date et de coupure des mots en deux à la fin des lignes, qui sont le propre des lettres écrites par le capitaine Dreyfus (voir sa lettre au procureur de la République de Versailles et les lettres ou cartes à sa fiancée qui se trouvent au dossier), s'y trouvent; en ce qui concerne la signature, elle manque parce qu'elle devait manquer. Dans sa déposition, M. le colonel Fabre, chef du 4e bureau de l'Etat-major de l'armée, dit qu'il a été frappé de la similitude d'écriture qui existe entre la lettre-missive incriminée et les documents écrits par le capitaine Dreyfus pendant son stage au 4e bureau.

M. le lieutenant-colonel d'Aboville, sous-chef du même bureau, dit, dans sa déposition, que la ressemblance de l'écriture de la lettre incriminée avec les documents de comparaison était frappante (10).

En ce qui concerne messieurs les experts, en nous reportant à la première phase de l'enquête, c'est-à-dire au commencement du mois d'octobre dernier, nous trouvons d'abord la lettre de M. Gobert précité, dont la teneur est très vague, dubitative.

Le libellé des conclusions de cet expert signifie que la lettre anonyme qu'il a examinée peut parfaitement être ou n'être pas de la personne incriminée.

Il est à remarquer que M. Gobert a reçu, parmi les documents de comparaison écrits de la main du capitaine Dreyfus, un travail intitulé : « *Etudes sur les mesures à prendre en temps de guerre pour faire face aux dépenses.* » Ce document qui comporte un exposé détaillé des ressources de la Banque de France en cas de guerre attira forcément beaucoup l'attention de M. Gobert, en raison de ce qu'il a été employé à la Banque de France et qu'il en est aujourd'hui l'expert en écritures. Le capitaine Dreyfus ayant dû, pour faire son travail, consulter le haut personnel de la Banque de France, sa présence dans cet établissement a forcément eté connue d'un certain nombre d'employés (11). C'est même, sans doute, ce fait qui a amené M. Gobert à nous répondre, dans son interrogatoire, qu'il avait pressenti le nom de la personne incriminée, à titre de curiosité personnelle, mais que nul n'en a eu connaissance. Toujours est-il que M. Gobert, ainsi que nous l'avons toujours dit, pour un motif ignoré encore, a demandé à M. le général Gonse, sous-chef d'État-Major, le nom de la personne incriminée. A quel mobile a-t-il obéi en cette circonstance? On peut faire à ce sujet bien des hypothèses. Nous pouvons dire toutefois que cette demande, contraire aux devoirs d'un expert en écritures, permet de supposer que la lettre compte-rendu de M. Gobert au ministre, établie d'ailleurs sans prestation de serment, et à titre de simple renseignement, a été rédigée sous l'empire de présomptions contraires à la règle suivie en la matière par les praticiens. Par suite de ce qui précède, cette lettre compte-rendu nous semble entachée, sinon de nullité, au moins de suspicion. Son sens dubitatif ne lui donne d'ailleurs, au point de vue juridique, aucune valeur propre; elle ne comporte enfin aucune discussion technique permettant de comprendre sur quelles données M. Gobert a pu baser son appréciation. Nous ajouterons que M. Gobert, invité à nous fournir des explications techniques sur son examen, s'est derobé; qu'en outre, avant de prêter serment, il nous a déclaré que, si nous l'avions convoqué pour lui confier une seconde expertise, régulière cette fois, dans l'affaire Dreyfus, il s'y refusait. Nous avons dressé procès-verbal de ce dire à toutes fins utiles ou de droit. Ainsi que nous l'avons dit précédemment, parallèlement au travail d'examen confié à M. Gobert par le ministre de la guerre, M. Bertillon, chef du service de l'identité judiciaire, chargé aussi d'un premier examen, avait formulé, le 13 octobre 1894, ses conclusions comme il suit: « Si l'on écarte l'hypothèse d'un document forgé avec le plus grand soin, il appert maintenant que c'est la même personne qui a écrit la lettre et les pièces incriminées. » Dans son rapport du 23 du même mois, établi après un examen plus approfondi et portant sur un plus grand nombre de pièces, M. Bertillon a formulé les conclusions suivantes qui sont beaucoup plus affirmatives: « La preuve est faite, péremptoire, vous savez quelle était mon opinion du premier jour; elle est maintenant absolue, complète, sans réserve aucune. »

Le rapport de M. Charavay, expert en écritures près le tribunal de la Seine, commis après prestation de serment, comporte d'abord une discussion technique detaillée et les conclusions qui en résultent sont ainsi formulées: « Etant données les constatations notées dans le présent rapport, je, expert soussigné, conclus que la pièce incriminée n° 1 est de la même main que les pièces de comparaison de 2 à 30. »

Le rapport de M. Teyssonnières, expert en écritures près le tribunal, commis après prestation de serment, comporte comme le précédent une discussion technique détaillée des pièces à examiner; ses conclusions sont ainsi formulées:

« En conséquence de ce qui précède, nous déclarons sur notre honneur et conscience que l'écriture de la pièce incriminée n° 1 émane de la même main qui a tracé l'écriture des pièces de 2 à 30. »

Le rapport de M. Pelletier, expert en écritures près le tribunal civil de première instance de la Seine et la Cour d'appel de Paris, commis après prestation de serment, qui portait sur la comparaison de l'écriture du document incriminé avec celle de deux personnes, comporte comme les précédents une discussion technique relativement restreinte des pièces à examiner ; ses conclusions sont ainsi formulées : « En résumé, nous ne nous croyons pas autorisé à attribuer à l'une ou à l'autre des personnes soupçonnées le document incriminé. »

Il est à remarquer que Messieurs les experts en écritures Charavay, Teyssonnières et Pelletier ont été mis en rapport le jour de leur prestation de serment à la préfecture de police, avec M. Bertillon qui les prévint qu'il se tenait à leur disposition pour la remise de certaines pelures dont les photographies n'étaient pas encore terminées et qui avaient une grande importance au point de vue des comparaisons à faire entre les écritures. Des trois experts précités, deux seulement sont revenus voir M. Bertillon pour recevoir communication de ces pelures, ce sont Messieurs Charavay et Teyssonnières ; le troisième, M. Pelletier, ne s'est pas présenté et a fait son travail, qui portait cependant sur la comparaison de deux écritures au lieu d'une avec la lettre missive incriminée, sans aider des documents que devait lui remettre M. Bertillon et qui offraient cependant au moins autant d'intérêt pour lui que pour ses collègues » (12).

Le capitaine Dreyfus a subi un long interrogatoire devant M. l'officier de police judiciaire ; ses réponses comportent bon nombre de contradictions, pour ne pas dire plus. Parmi elles, il y en a qui sont particulièrement intéressantes à relever ici, notamment celle qu'il fit au moment de son arrestation, le 15 octobre dernier, lorsqu'on le fouilla et qu'il dit : « Prenez mes clefs, ouvrez tout chez moi, vous ne trouverez rien ». La perquisition, qui a été pratiquée à son domicile, a amené ou à peu de choses près, le résultat indiqué par lui. Mais il est permis de penser que, si aucune lettre, même de famille, sauf celles des fiançailles adressées à Mme Dreyfus, aucune note, même de fournisseurs, n'ont été trouvées dans cette perquisition, c'est que tout ce qui aurait pu être en quelque façon compromettant avait été caché ou détruit de tout temps (13). Tout l'interrogatoire subi devant M. l'officier de police judiciaire est émaillé de dénégations persistantes et aussi de protestations du capitaine Dreyfus contre le crime qui lui est reproché. Au début de cet interrogatoire, le capitaine Dreyfus avait d'abord dit qu'il lui semblait vaguement reconnaître dans le document incriminé l'écriture d'un officier employé dans les bureaux de l'état-major de l'armée ; puis, devant nous, il a déclaré retirer cette allégation qui, d'ailleurs, devait tomber d'elle-même en présence de la dissemblance complète et évidente du type graphique de l'écriture de l'officier visé avec celle du document incriminé (13bis).

Une autre réponse extraordinaire, faite au cours du premier interrogatoire et maintenue devant nous, est celle relative à l'insécurité des documents secrets et confidentiels qui, d'après le capitaine Dreyfus, n'auraient pas été en sûreté parfaite au 2e bureau de l'état-major à l'époque où il y faisait son stage. Cette allégation d'insécurité n'a été confirmé par aucun témoin entendu à ce sujet, elle devait cependant avoir un but dans l'esprit de son auteur. Il existe enfin dans le premier interrogatoire des réponses absolument incohérentes, telles que celles-ci : « Les experts se trompent, la lettre missive incriminée est l'œuvre d'un faussaire, on a cherché à imiter mon écriture. La lettre missive incriminée a pu être établie à l'aide de fragments de mon écriture colligés avec soin, puis réunis pour former un tout qui serait cette lettre. L'ensemble de la lettre ne ressemble pas à mon écriture ; on n'a même pas cherché à l'imiter (14).

Dans l'interrogatoire qu'il a subi devant nous, les réponses du capitaine Dreyfus ont toujours été obtenues avec une grande difficulté et il est facile de s'en rendre compte par le nombre considérable de mots rayés qui figurent dans le procès-verbal. Quand le capitaine Dreyfus hasardait une affirmation, il s'empressait généralement de l'atténuer par des phrases vagues ou embrouillées essayant toujours malgré toutes nos observations de questionner ou d'engager la conversation sans être d'ailleurs invité à formuler réponse. Ce système, si nous nous y étions prêté, aurait pu avoir des conséquences fâcheuses pour la forme même de l'interrogatoire, étant donnée l'habileté du capitaine Dreyfus (15).

Si on compare les réponses que nous a faites le capitaine Dreyfus avec les dépositions de quelques témoins entendus, il en résulte cette pénible impression, c'est qu'il voile souvent la vérité et que toutes les fois qu'il se sent serré de près, il s'en tire sans trop de difficulté, grâce à la souplesse de son esprit (16).

En somme, il résulte de la déposition de plusieurs témoins, que le capitaine Dreyfus a attiré sur lui la juste suspicion de ses camarades qui le lui ont montré d'une façon bien nette : comme le capitaine Boullenger, en ne répondant pas aux questions indiscrètes qu'il lui posa sur des affaires secrètes ou confidentielles qu'il traitait ; ou encore comme le capitaine Besse, le voyant travailler dans son bureau le 8 septembre dernier sur du papier particulier au lieu de le faire sur un document similaire à celui qu'il avait à mettre à jour, lui en fit l'observation ; ou encore le capitaine Maistre, lui disant qu'il lui communiquerait les travaux confidentiels dont il pourrait être chargé, mais sur place et dans son bureau seulement. Il semble que ce système de furetage, de conversations indiscrètes voulues, d'investigations en dehors de ce dont il était chargé, que pratiquait le capitaine Dreyfus, était surtout basé sur la nécessité de se procurer le plus de renseignements divers possible, oraux ou écrits, avant de terminer son stage à l'état-major de l'armée. Cette attitude est louche et, à nombre de points de vue, présente une grande analogie avec celle des personnes qui pratiquent l'espionnage. Aussi, en dehors de la similitude remarquable de l'écriture du capitaine Dreyfus avec celle du document incriminé, cette attitude a été un facteur sérieux à son passif lorsqu'il s'est agi de le mettre en état d'arrestation et d'instruire contre lui (17).

La conduite privée du capitaine Dreyfus est loin d'être exemplaire ; avant son mariage, depuis 1884 notamment, on le trouve en relations galantes avec une femme X., plus âgée que lui, mariée, riche, donnant des repas auxquels il est convié, car il est l'ami de M. X.... négociant à Paris. Les relations dont il vient d'être parlé durèrent fort longtemps. A la même époque, le capitaine Dreyfus est également en relations avec une femme Dida, aussi plus âgée que lui, mariée, fort riche, qui a la réputation de payer ses amants et qui, à la fin de 1890, fut assassinée à Ville-d'Avray par Wladimiroff. Le capitaine Dreyfus, qui était alors à l'Ecole de guerre et qui venait de se marier, fut cité comme temoin dans cette scandaleuse affaire, qui fut jugée par la Cour d'assises de Versailles, le 25 janvier 1891 (18). Pendant son séjour à l'Ecole de pyrotechnie de Bourges, il a pour maîtresse une femme mariée, il en a une autre à Paris, également mariée et qu'il rencontre quand il y vient. En dehors de ces relations, avouées par le capitaine Dreyfus, parce qu'il n'a pu les nier, il était, avant son mariage, ce qu'on peut appeler un coureur de femmes, il nous l'a d'ailleurs déclaré au cours de son interrogatoire. Depuis son mariage a-t-il changé ses habitudes à cet égard? Nous ne le croyons pas, car il nous a déclaré avoir arrêté la femme Y... dans la rue, en 1893, et avoir fait connaissance de la femme Z... au Concours hippique, en 1894. La première de ces femmes est autrichienne, parle bien plusieurs langues, surtout l'allemand; elle a un frère officier au service de l'Autriche, un autre est ingénieur, elle reçoit des officiers : c'est une femme galante, quoique deja âgée, le commandant Gendron nous l'a déclaré. Le capitaine Dreyfus lui a indiqué sa qualité, l'emploi qu'il occupait, lui a écrit et fait des visites et finalement s'est retiré parce qu'elle ne lui a pas paru catholique; ensuite il l'a traitée de salle espionne; et après son arrestation, son esprit est hanté par l'idée qu'elle l'a trahi.

En ce qui concerne la femme Z..., bien que le capitaine Dreyfus pretende n'avoir jamais eu avec elle que des relations passagères, il est permis de croire le contraire, si on se réfère aux deux faits ci-après reconnus exacts par lui au cours de son interrogatoire : 1° une lettre écrite par cette femme en juillet ou août dernier au capitaine Dreyfus se terminant par ces mots : » A la vie, à la mort! »! 2° qu'il y a environ quatre mois il a proposé à la femme Z.. de lui louer une villa pour l'été, à la condition qu'elle serait sa maîtresse. L'idée du capitaine Dreyfus en lui faisant cette offre était sans doute de faire cesser ses relations avec un médecin qui l'entretenait. La femme Z... était mariée ou passait pour l'être. Le capitaine Dreyfus nous a déclaré avoir rompu avec elle parce qu'il s'était aperçu qu'elle en voulait plutôt à sa bourse qu'à son cœur (19).

Bien que le capitaine Dreyfus nous ait déclaré n'avoir jamais eu le goût du jeu, il appert cependant des renseignements que nous avons recueillis à ce sujet qu'il aurait fréquenté plusieurs cerles de Paris où l'on joue beaucoup. Au cours de son interrogatoire, il nous a bien déclaré être allé au Cercle de la Presse, mais comme invité, pour y dîner ; il a affirmé n'y avoir pas joué.

Les cercles-tripots de Paris, tels que le Washington-Club, le Betting-Club, les cercles de l'Escrime et de la Presse n'ayant pas d'annuaire et leur clientèle étant en général peu recommandable, les témoins que nous aurions pu trouver auraient été très suspects : nous nous sommes par suite dispensé d'en entendre (20).

La famille du capitaine Dreyfus habite Mulhouse. Ses pères et mère sont décédés ; il lui reste trois frères et trois sœurs. Les sœurs sont mariées et résident : l'une à Bar-le-Duc, l'autre à Carpentras et la troisième à Paris. Ses frères exploitent une filature à Mulhouse ; l'aîné, Dreyfus, Jacques, âgé de 50 ans, n'a pas opté pour la nationalité française.

M. Dreyfus-Raphaël, père du capitaine Dreyfus, a opté pour la nationalité française le 13 mai 1872, à la mairie de Carpentras (Vaucluse). Cette option a entraîné celle de ses enfants alors mineurs, ainsi qu'il appert du duplicata de l'acte d'option qui se trouve au dossier.

Le capitaine Dreyfus est venu habiter Paris en 1874 ; il a été successivement élève au collège Chaptal et à Sainte-Barbe, puis il a été reçu à l'Ecole polytechnique en 1878 avec le n° 178 et en est sorti sous-lieutenant d'artillerie avec le n° 128 ; il est ensuite allé à l'Ecole d'application où il est entré avec le n° 38 et d'où il est sorti avec le n 32 ; classé comme lieutenant en second au 31e régiment d'artillerie en garnison au Mans, il y fait le service du 1er octobre 1882 à la fin de 1883, époque à laquelle il fut classé à la 4e batterie à cheval, détachée à Paris. Le 12 septembre 1889, il est nommé capitaine au 21e régiment d'artillerie, adjoint à l'Ecole centrale de pyrotechnie militaire de Bourges ; le 21 avril 1890, il est admis à l'Ecole de guerre avec le n° 67, d'où il est sorti en 1892 avec le n° 9 et la mention « Très bien ». De 1893 à 1894, il est stagiaire à l'état-major de l'armée.

Lors des examens de sortie de l'Ecole de guerre, le capitaine Dreyfus a prétendu qu'il devait à la cote, dite d'amour, d'un général examinateur, d'avoir eu un numéro inférieur à celui qu'il espérait obtenir ; il cherche alors à créer un incident en réclamant contre cette cote et parlant contre le général qui la lui avait donnée. Il prétendit que cette cote, qui était 5, lui avait été donnée de parti pris et en raison de la religion à laquelle il appartient ; il attribue même au général examinateur en question des propos qu'il aura tenus à ce sujet. L'incident qu'il créa n'eut pas la suite qu'il espérait ; mais, depuis cette époque, il n'a cessé de se plaindre, se disant victime d'une injustice qu'il traite même à l'occasion d'infamie. Il est à remarquer que la cote, dont s'est plaint le capitaine Dreyfus était secrète; on s'étonne à bon droit qu'il ait pu la connaître si ce n'est pas une indiscrétion qu'il a commise ou provoquée. Comme l'indiscrétion est le propre de son caractère, nous n'avons pas lieu de nous étonner qu'il ait pu connaître cette cote secrète (21).

Les notes successives obtenues par le capitaine Dreyfus depuis son entrée au service sont généralement bonnes, quelquefois même excellentes, à l'exception de celles qui lui ont été données par M. le colonel Fabre, chef du 4e bureau de l'état-major de l'armée (22).

En ce qui concerne les voyages du capitaine Dreyfus, il résulte de ses déclarations à l'interrogatoire qu'il pouvait se rendre en Alsace en cachette, à peu près quand il le voulait, et que les autorités allemandes fermaient les yeux sur sa présence. Cette faculté de voyager clandestinement qu'avait le capitaine Dreyfus contraste beaucoup avec les difficultés qu'éprouvaient à la même époque et de tout temps les officiers ayant à se rendre en Alsace pour obtenir des autorisations ou des passeports des autorités allemandes ; elle peut avoir une raison que le peu de temps qu'a duré l'enquête ne nous a pas permis d'approfondir (23).

En ce qui concerne les insinuations du capitaine Dreyfus sur des faits d'amorçage qui se pratiqueraient selon lui au ministère de la guerre, elles nous semblent avoir eu pour objet de lui ménager un moyen de défense s'il était arrêté un jour porteur de documents secrets ou confidentiels (24). C'est sans doute cette préoccupation qui l'a amené à ne pas déguiser davantage son écriture dans le document incriminé. Par contre, les quelques altérations volontaires qu'il y a introduites ont eu pour objet de lui permettre de l'arguer de faux pour le cas plus improbable où le document après être parvenu à destination ferait retour au ministère par suite de circonstances non prévues par lui (25).

Quant aux preuves relatives à la connaissance qu'avait le capitaine Dreyfus des notes ou documents énumérés dans la lettre missive incriminée et qui l'ont accompagnée, le premier interrogatoire aussi bien que celui qu'il a subi devant nous établissent malgré les dénégations subtiles qu'il y a opposées, qu'il était parfaitement en mesure de les fournir.

Si nous examinons ces notes ou documents, nous trouvons d'abord la note sur le frein hydraulique du 120. L'allégation produite par le capitaine Dreyfus au sujet de cet engin tombe, surtout si l'on considère qu'il lui a suffi de se procurer, soit à la direction de l'artillerie, soit dans des conversations avec des officiers de son arme, les éléments nécessaires pour être en mesure de produire la note en question (26).

Ensuite vient une note sur les troupes de couverture, avec la restriction que quelques modifications seront apportées par le nouveau plan. Il nous paraît impossible que le capitaine Dreyfus n'ait pas eu connaissance des modifications apportées au fonctionnement du commandement des troupes de couverture au mois d'avril, le fait ayant eu un caractère confidentiel mais non absolument secret, et les officiers employés à l'état-major de l'armée ayant par suite pu s'en entretenir entre eux et en sa présence (27).

En ce qui concerne la note sur une modification aux formations de l'artillerie, il doit s'agir de la suppression des pontonniers et des modifications en résultant. Il est inadmissible qu'un officier d'artillerie ayant été employé au premier bureau de l'état-major de l'armée ait pu se désintéresser des suites d'une pareille transformation au point de l'ignorer quelques semaines avant qu'elle ne devienne officielle (28).

Pour ce qui est de la note sur Madagascar, qui présentait un grand intérêt pour une puissance étrangère si, comme tout le faisait déjà prévoir, une expédition y avait été envoyée au commencement de 1895, le capitaine Dreyfus a pu facilement se la procurer. En effet, au mois de février dernier, le caporal Bernollin, alors secrétaire de M. le colonel de Sancy, chef du 2e bureau de l'état-major de l'armée, fit une copie d'un travail d'environ 22 pages sur Madagascar, dans l'antichambre contiguë au cabinet de cet officier supérieur. L'exécution de cette copie dura environ cinq jours, et, pendant ce laps de temps, minute et copie furent laissées dans un carton placé sur la table-bureau du caporal précité à la fin de ses séances de travail. En outre quand, pendant les heures de bureau, ce gradé s'absentait momentanément, le travail qu'il faisait restait ouvert et pouvait par suite être lu, s'il ne se trouvait pas d'officiers étrangers au deuxième bureau ou inconnus de lui dans l'antichambre qu'il occupait. Ce gradé nous a déclaré dans sa déposition, mais sans préciser de dates, que le capitaine Dreyfus, qu'il connaissait, était venu quatre ou cinq fois dans cette antichambre pour voir M. le colonel de Sancy, pendant qu'il faisait son stage à la section allemande. Ce document a encore pu être lu par le capitaine Dreyfus quand il a été réintégré à la section anglaise qui s'occupait alors de Madagascar, en raison de ce qu'il a été placé temporairement dans un carton de casier non fermé (29).

Quant au projet de manuel de tir de l'artillerie de campagne du 14 mars 1894, le capitaine Dreyfus a reconnu au cours de son premier interrogatoire s'en être entretenu à plusieurs reprises avec un officier supérieur du deuxième bureau de l'état-major de l'armée (30).

En résumé, les éléments de l'accusation portée contre le capitaine Dreyfus sont de deux sortes : éléments moraux et éléments matériels. Nous avons examiné les premiers ; les seconds consistent dans la lettre missive incriminée, dont les examens par la majorité des experts aussi bien que par nous et par les témoins qui l'ont vue, a présenté, sauf des dissemblances volontaires, une similitude complète avec l'écriture authentique du capitaine Dreyfus.

En dehors de ce qui précède, nous pouvons dire que le capitaine Dreyfus possède, avec des connaissances très étendues, une mémoire remarquable, qu'il parle plusieurs langues, notamment l'allemand qu'il sait à fond, et l'italien dont il prétend n'avoir plus que de vagues notions ; qu'il est de plus doué d'un caractère très souple, voire même obséquieux, qui convient beaucoup dans les relations d'espionnage avec les agents étrangers,

Le capitaine Dreyfus était donc tout indiqué pour la misérable et honteuse mission qu'il avait provoquée ou acceptée, et à laquelle, fort heureusement peut-être pour la France, la découverte de ses menées a mis fin.

En conséquence, nous sommes d'avis que M. Dreyfus, Alfred, capitaine breveté au 14e régiment d'artillerie, stagiaire à l'état-major de l'armée, soit mis en jugement, sous accusation d'avoir, en 1894, à Paris, livré à une puissance étrangère un certain nombre de documents secrets ou confidentiels intéressant la défense nationale, et d'avoir ainsi entretenu des intelligences avec cette puissance ou avec ses agents pour procurer à cette puissance les moyens de commettre des hostilités ou d'entreprendre la guerre contre la France.

Crime prévu et réprimé par les articles 76 du Code pénal, 7 de la loi du 8 octobre 1830, 5 de la Constitution du 4 novembre 1848, 1er de la loi du 8 juin 1850, 189 et 267 du Code de justice militaire.

Fait à Paris le 3 décembre 1894.

Le Rapporteur,
Signé : D'ORMESCHEVILLE.

NOTES

1) Jamais le capitaine Dreyfus n'a possédé du papier pelure ; il n'en a jamais acheté, jamais eu entre les mains.

2) Le capitaine Dreyfus n'a jamais eu de rapports avec des agents d'une puissance étrangère, l'accusation n'a, à aucun moment, pu établir des relations suspectes que le capiteine Dreyfus aurait pu avoir avec des agents de l'étranger. Si ces relations avaient ex sté, l'acte d'accusation n'aurait pas manqué de les mentionner et de les prouver.

3) Il a été établi d'une façon péremptoire que ces documents émanaient tous, non d'un officier d'état-major, mais d'un officier de troupe peu au courant des choses de l'artillerie, puisqu'il ignorait les termes en usage dans cette arme, puisqu'il proposait une note sur le frein hydraulique de 120, frein qui a figuré, adapté à la pièce en question, aux grandes manœuvres de l'Est en 1891, où assistaient les attachés militaires des puissances étrangères qui ont pu se rendre compte par eux-mêmes de la manière dont fonctionnait la pièce de 120 muni de son frein.

Il est prouvé maintenant (tant par son propre aveu que par divers témoignages) que le commandant Esterhazy a eu en sa possession le manuel de tir de l'artillerie, objet de la dernière note. Il se l'est procuré d'une façon anormale, ce qu'il a fait ressortir dans son bordereau en écrivant : « ce dernier document est extrêmement difficile à se procurer... » Il n'est difficile à se procurer que pour un officier d'infanterie et non pour un officier d'artillerie. On sait aussi que Mr le commandant Esterhazy allait *à ses frais* au camp de Chalons pour suivre des exercices d'artillerie De même, en qualité de major de son régiment, Mr le commandant Esterhazy pouvait facilement faire une note sur les troupes de couverture. Quant à la note sur les modifications aux formations de l'artillerie, le premier venu — non militaire même — pouvait la fournir puisque le 10 mars 1894 (le bordereau est de mai 94) le projet de loi relatif à l'organisation de l'artillerie et du génie, parlant de la « suppression des pontonniers » et des « modifications en résultant », a été déposé sur le bureau de la Chambre La commission de l'armée en était saisie le 16 mars 1894 et tous les députés, tous les sénateurs, tous les journalistes avaient le projet. La note sur Madagascar est sans importance aucune, chacun pouvait la faire avec les documents mis dans le public, ce n'était même pas des officiers qui au ministère de la guerre étaient chargés de colliger des rapports sur la question. Du reste le bordereau avait si peu de valeur que son destinataire l'a déchiré et jeté au panier.

4) Tout ceci est mensonger, la lettre dictée par M. du Paty de Clam au capitaine Dreyfus est au dossier. Elle est écrite d'une écriture nette, régulière et calme. Le trouble du capitaine Dreyfus n'a existé que dans l'imagination du commandant du Paty.

5) On voit que le capitaine Dreyfus a bien été arrêté après deux déclarations contradictoires d'expert, et que les seuls éléments que possédait M. du Paty de Clam quand il a conclu à l'ordre d'informer étaient le bordereau sur lequel les experts ne s'entendaient pas. Il n'avait aucun autre fait, aucun témoignage, sur lequel il pouvait s'appuyer pour déclarer le capitaine Dreyfus coupable.

6) Ce n'est que lors du passage du capitaine Dreyfus au 4e bureau que son attitude fut jugée indiscrète par le commandant Bertin, qui était en mauvais termes avec lui. Le commandant Bertin n'a pu apporter en témoignage aucun fait justifiant ce qui était chez lui une impression. Il a été reconnu que le capitaine Dreyfus n'avait demandé à aucun officier communication de travaux confidentiels. Il emprunta seulement une jour à un officier, le capitaine Maistre, un travail d'étude personnel sur le jeu de la guerre ; il lui avait d'ailleurs prêté lui-même certains de ses travaux personnels. C'était un échange de bons procédés entre collègues.

7) Il n'y a que le commandant du Paty de Clam qui a prétendu avoir rencontré le capitaine Dreyfus un soir dans un bureau à une heure où il n'aurait pas dû être. Il a été reconnu que le capitaine Dreyfus venait ce soir-là rendre compte au capitaine Corvisart de travaux dont il avait été chargé de surveiller l'autographie.

8) Le capitaine Dreyfus ne fit son service à une heure qui n'était pas son heure habituelle, que du 15 août au 22 septembre, pendant le séjour de sa femme à Houlgate. Il venait alors au ministère vers midi avec l'autorisation du lieutenant-colonel Boucher. Le commandant Mercier-Milon, arrivant au bureau avant l'heure, a trouvé deux fois le capitaine Dreyfus déjà arrivé. Nul n'a jamais pu attester la présence du capitaine Dreyfus à une heure irrégulière à n'importe quelle autre époque ni antérieure à la découverte du bordereau ni contemporaine ni postérieure. Nul ne l'a jamais vu prendre quelque chose, nul ne l'a jamais vu fouiller quelque part. Tout ce que dit l'acte d'accusation constitue des insinuations sans preuves.

Tous les documents confidentiels ou secrets sont d'ailleurs enfermés dans des armoires fermant à clef et possédant, en outre, une barre de fer et un cadenas à secret. Pour pouvoir fouiller dans les armoires, il faut donc connaître : 1° Le mot des cadenas à secret ; 2° La clef des armoires. Or l'officier stagiaire ne connaît jamais que le mot de l'armoire placée dans la pièce où il travaille. Pendant son séjour au 3e bureau le capitaine Dreyfus ne connaissait que le mot de l'armoire située dans la section des manœuvres. Le capitaine Souriot qui travaillait en face de lui, le capitaine Hirschauer et le commandant Mercier-Milon ont pu témoigner qu'ils ne l'avaient jamais vu occupé qu'à son travail habituel. Ces insinuations mensongères sont l'œuvre du commandant du Paty de Clam, qui n'a jamais pu les justifier qu'en disant avoir rencontré un soir dans son bureau, entre 5 et 6 heures, le capitaine Dreyfus. Il a été établi que, ce soir-là, le capitaine Dreyfus venait remettre au capitaine Corvisart le travail demandé par cet officier et dont il est question plus haut.

9) Nous avons déjà dit que le capitaine Dreyfus était en mauvais termes avec son chef de section du 4e bureau, le commandant Bertin. Quand le capitaine Dreyfus arriva au 4e bureau, il n'y trouva rien à faire.

En effet, il n'y eut plus de nouveaux plans dans l'hiver 1893-94. Le capitaine Belin, son prédécesseur, dit au capitaine Dreyfus, en lui ouvrant les portes toutes grandes : « Lisez ; voyez comment nous avons fait jadis, voyez comment nous faisons maintenant, cela vaudra mieux que tous les discours que je pourrais vous faire. » C'est une pratique constante envers tous les stagiaires dans les bureaux de la guerre. Au 4e bureau, le service était si peu absorbant, qu'on dut donner aux stagiaires un travail fictif de transport, de concentration, auquel le capitaine Dreyfus fut appelé à participer. C'est là le seul mystère de concentration des troupes dans l'Est qu'il ait pu connaître.

10) On voit que tous les officiers des bureaux de la guerre se piquaient de graphologie et puisque leur opinion sur l'écriture du bordereau était à ce point faite, il eut été inutile d'avoir recours aux experts.

11) Le capitaine Dreyfus n'a jamais été à la Banque de France ; il n'a jamais consulté personne dans cet établissement. Jamais aucun témoin n'a pu en témoigner. C'est là une insinuation mensongère encore, de l'accusation, insinuation malveillante aussi pour l'honorable M. Gobert.

12) Est-ce une garantie d'indépendance pour des experts que de travailler sous la direction de M. Bertillon, qui est notoirement atteint de la monomanie consistant à trouver dans toute écriture à expertiser la marque du faux, de la fabrication ou du déguisement d'écriture ? Il est à remarquer que les experts qui n'ont pas subi l'influence de M. Bertillon n'ont pu conclure en leur âme et conscience que le bordereau était de l'écriture du capitaine Dreyfus. L'expertise de MM. Charavay et Teyssonnières est suspecte par cela seul qu'ils ne l'ont pas faite d'une façon indépendante. Ils n'ont fait que refléter les manies de M. Bertillon. Cette même influence, M. Bertillon a été chargé de l'exercer sur les experts qui ont été commis à l'examen comparatif des écritures du bordereau et du commandant Esterhazy. Tout autre commentaire serait superflu.

13) En quoi cela constitue-t-il une contradiction ? « Fouillez chez moi, fouillez toute ma vie, vous ne trouverez rien ! » dit le capitaine. Le rapporteur constate qu'au cours des perquisitions rien ne fut trouvé et il voit là une contradiction. Il est d'ailleurs faux qu'aucune lettre de famille et aucune note de fournisseurs n'aient été saisies au cours de cette perquisition. Toutes les notes de fournisseurs, depuis 1890, existaient dans les tiroirs du capitaine Dreyfus et dans son portefeuille se trouvaient toutes les lettres de famille importantes relatives à sa fortune. Les procès-verbaux de saisie doivent le constater.

13bis) Un soir, le commandant du Paty de Clam montra au capitaine Dreyfus une ligne d'écriture : *Je vais partir en manœuvres*. Ce n'est pas mon écriture, s'écria-t-il. Alors, reprit le commandant du Paty de Clam, dites-nous quelle est cette écriture. Je n'en sais rien, repondit le capitaine Dreyfus, conduisez-moi au ministère, peut-être trouverai-je. M. du Paty ayant opposé à cette demande une fin de non-recevoir, le capitaine Dreyfus crut se rappeler que l'écriture qu'on lui montrait ressemblait vaguement à celle d'un officier. Mais jamais il n'eut l'intention de l'accuser. Il croyait à ce moment, non qu'il s'agissait d'une lettre, mais d'un vol de documents émanants de plusieurs officiers.

14) Jamais le capitaine Dreyfus n'a parlé de la lettre missive incriminée puis qu'il ignorait toujours qu'il s'agissait d'une lettre d'envoi. Il croyait, comme nous l'avons dit, qu'il s'agissait de documents volés et qu'on avait pu prendre des brouillons lui appartenant pour les réunir et en faire un tout. Il n'avait pas vu le bordereau lorsqu'il faisait ces réponses. M. du Paty de Clam ne le lui montra qu'à la fin de son instruction.

15) On posait en effet au capitaine Dreyfus des questions insidieuses extraordinaires contre lesquelles un homme démoralisé par le secret le plus absolu qui lui était imposé depuis près de huit semaines, en proie à la fièvre, accablé par l'horreur de l'accusation portée contre lui, ne pouvait se défendre.

16) Aucun fait n'est donné là. Les allégations du commandant d'Ormescheville restent dans le vague et jamais il n'a pu les préciser.

17) Jamais aucun officier n'a témoigné de suspicion au capitaine Dreyfus, sinon depuis la campagne d'insinuations abominables menée contre lui par M. du Paty de Clam dans les bureaux du ministère de la guerre. En ce qui concerne le capitaine Boullenger, le capitaine Dreyfus le rencontrant, se borna à lui demander ce qu'il y avait de nouveau au 4e bureau — c'est ce que M. d'Ormescheville appelle une question indiscrète.

Pour le capitaine Besse, le capitaine Dreyfus lui répondit qu'il travaillait sur la carte même qui lui avait été remise par le commandant Mercier-Milon. Le fait a été prouvé. Quant au capitaine Maistre, il a été établi qu'il n'a communiqué au capitaine Dreyfus que des travaux personnels et non confidentiels. Tous ces faits ont été constatés à l'audience.

18) Les relations que peut avoir eu avant son mariage le capitaine Dreyfus avec Mme X constituent-elles une charge quelconque ? Qui l'affirmera ? Quant à Mme Dida, il est absolument faux qu'elle ait été la maîtresse du capitaine Dreyfus. Cité comme témoin dans l'affaire Wladimiroff, le capitaine Dreyfus attesta qu'il avait connu Mme Dida sans avoir jamais eu avec elle que des rapports mondains ordinaires.

19) Toutes ces allégations contenues dans les rapports de police, non datés, non signés, quelques-uns même écrits à la machine à écrire, introduits par le commandant du Paty de Clam dans le dossier, ont été reconnues fausses et le commissaire du gouvernement n'a pas voulu les retenir dans son réquisitoire.

20) Le capitaine Dreyfus ne jouait jamais. Il a été établi que depuis huit ans il n'avait mis les pieds dans un cercle. Il est abominable de prétendre que l'on s'est dispensé d'entendre des témoins parce que ces témoins auraient été peu recommandables. La vérité est qu'en désespoir de cause on y a renoncé, vu que le capitaine Dreyfus ne fréquentait aucun cercle.

21) Tout ce qu'affirmait le capitaine Dreyfus relativement à la cote d'amour à lui donnée par le général Bonnefonds est rigoureusement exact. Les propos de ce général sur ce point ont permis au capitaine

Dreyfus, sans qu'il y eut indiscrétion de sa part, de connaître cette cote contre laquelle il protesta auprès du général Lebellin de Dionne. Lorsque le capitaine Dreyfus raconta cela au commandant rapporteur, celui-ci lui donna un démenti et le menaça de citer les généraux Bonnefonds et Lebellin de Dionne. Le capitaine Dreyfus insista et ces généraux, qui auraient pu confirmer ses dires, ne furent pas cités.

22) Il est à remarquer que ce ne fut que pendant son séjour au 4e bureau que le capitaine Dreyfus eut de mauvaises notes grâce au commandant Bertin, avec lequel il était, comme nous l'avons dit, en fort mauvais termes.

23) Ceci est un odieux mensonge. Le capitaine Dreyfus a déclaré que depuis la loi sur les passeports, c'est-à-dire depuis 1886 ou 1887, tous ses passeports lui avaient été refusés. Il n'a pu entrer en Alsace qu'en employant des subterfuges, c'est-à-dire en prenant le train jusqu'à Bâle et allant de Bâle à Mulhouse, où il évitait de se montrer au dehors, restant chez ses frères. En l'espace de sept ans, le capitaine Dreyfus est allé quatre fois à Mulhouse, dont une fois lors de la maladie et lors de la mort de son père.

24) Jamais le capitaine Dreyfus n'a fait allusion à quoi que ce soit touchant des faits d'amorçages qui se seraient pratiqués au ministère de la guerre. Aucun témoin ne l'a pu attester. Il n'avait aucun moyen de défense à se créer. D'ailleurs l'a-t-on jamais vu emporter un document secret ou confidentiel ? En a-t-on jamais trouvé chez lui ?

25) C'est là la théorie de M. Bertillon. Nous nous dispenserons d'insister là-dessus.

26) Voir la note 3.

27) L'auteur du bordereau dit simplement cette chose vague : Que des modifications seront apportées au nouveau plan. Il n'énumère pas ces modifications dont il peut, en sa qualité d'officier de troupe, avoir entendu parler. L'accusation n'a jamais pu, d'ailleurs, s'entendre sur la signification de cette note, et le bordereau ne faisant aucune allusion au commandement des troupes de couverture ni au fractionnement de ce commandement.

28) Voir la note 3.

29) On voit que tout visiteur du ministère de la guerre pouvait, sans difficulté, prendre connaissance du travail du caporal Bernolin.

30) L'acte d'accusation ment. Jamais le capitaine Dreyfus n'a reconnu s'être entretenu du manuel du tir avec un officier supérieur de l'état-major de l'armée. Cet officier supérieur, le commandant Jeannel, n'a pas été appelé comme témoin, malgré la demande du capitaine Dreyfus. Il ressort d'ailleurs de la teneur du bordereau que ce manuel de tir a été emprunté à un officier d'artillerie d'un corps de troupe. Jamais le capitaine Dreyfus n'a emprunté ce manuel, jamais l'accusation n'a pu établir qu'il eût tenté de l'emprunter. Et en sa qualité d'officier d'état-major

il ne l'a jamais possédé. Il est établi, au contraire, dès aujourd'hui, que le commandant Esterhazy a emprunté ce document à un officier d'artillerie de corps d'un troupe.

Faisons observer, en terminant, qu'en 1894 le capitaine Dreyfus n'a jamais été aux manœuvres, alors que le commandant Esterhazy y est allé deux fois : en juin 1894, aux manœuvres de cadres de son régiment, et en août 1894, sur sa demande, au camp de Châlons pour assister aux écoles à feu de la 3e brigade d'artillerie.

Toutes ces notes reproduisent les témoignages des vingt-sept officiers invoqués par le général Billot à la tribune. On voit qu'aucun n'a pu apporter un fait à la charge du capitaine Dreyfus. Je défie qu'on puisse citer un autre témoignage sinon celui du commandant Henry qui déclare tenir d'une personne honorable qu'il ne voulut jamais nommer, (il déclare que le képi d'un militaire devait ignorer ce que contenait sa tête) qu'un officier trahissait.

Il est faux que d'autres faits à la charge du capitaine Dreyfus aient été produits en dehors de l'accusation, il est faux aussi que le capitaine Dreyfus ait fait des aveux.

On prétend que le capitaine Lebrun-Renault a reçu ces aveux au moment de la dégradation. On prétend qu'il l'a déclaré dans un rapport existant au ministère de la guerre. Pourquoi ce rapport n'a-t-il pas été publié ? Parce que ce rapport n'existe pas. Je mets au défi qui que ce soit de le produire

Il n'y a jamais eu en dehors du bordereau de charges contre le capitaine Dreyfus.

Le capitaine Dreyfus n'a jamais avoué. Il ne pouvait avouer un crime dont il est innocent.

Paris. — Imp. A. Reiff, 3, rue du Four.

Il n'a jamais possédé. Il est établi, au contraire, [illegible] que le commandant Esterhazy a emprunté [illegible] à un officier d'artillerie [illegible].

[illegible] Esterhazy n'a [illegible], alors que le commandant Esterhazy [illegible] aux manœuvres de cadres de son régiment, et en août 1896 [illegible] au camp de Châlons [illegible].

Toutes ces [illegible]

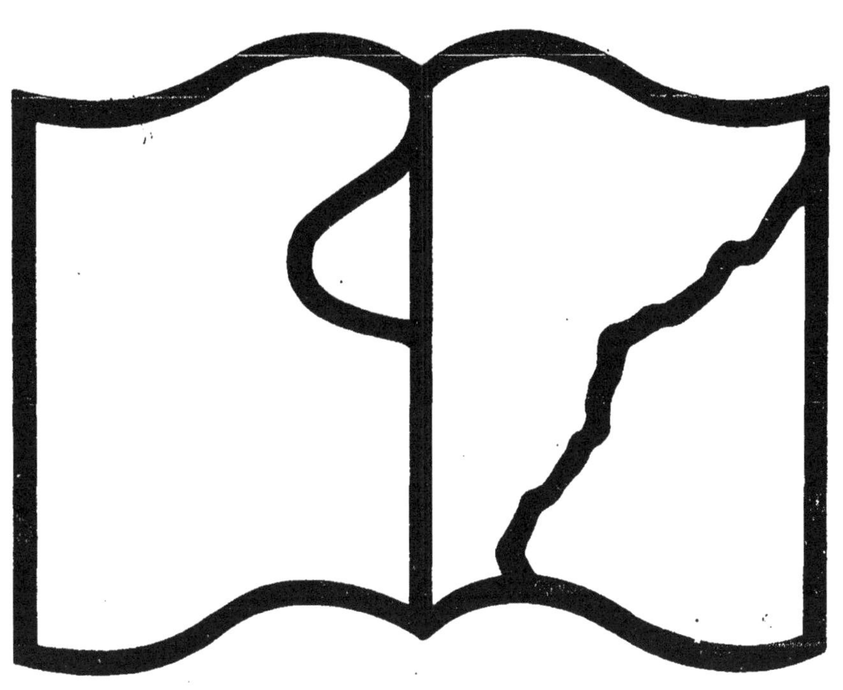

Texte détérioré — reliure défectueuse

NF Z 43-120-11

www.ingramcontent.com/pod-product-compliance
Ingram Content Group UK Ltd.
Pitfield, Milton Keynes, MK11 3LW, UK
UKHW020516230726
13925UKWH00005B/2173